DIANE ET LES SATYRES,

OU

UNE VENGEANCE DE L'AMOUR,

PANTOMIME EN DEUX ACTES,

AVEC UN PROLOGUE,

Et mêlée de Divertissemens, Jeux et Chasse;

PAR M. FRANCONI JEUNE;

Musique par M. DARONDEAU; Divertissemens par M. JACQUINET;
Décors par M. GAY;

*Représentée, pour la première fois, sur le Théâtre
du Cirque Olympique, le 18 février 1815.*

A PARIS,

Chez BARBA, Libraire, Palais-Royal, derrière le
Théâtre Français.

———

DE L'IMPRIMERIE D'ÉVERAT, RUE DU CADRAN, N°. 16.
1815.

PERSONNAGES.   ACTEURS.

PERSONNAGES	ACTEURS
L'AMOUR..................................	Le petit BELIN.
DIANE	Mlle. BLANCHE.
FLORE....................................	Mlle. CÉLESTE.
ZÉPHIRE..................................	M. MORAND.
ENDYMION, Berger de l'Achaïe........	M. JACQUINET.
ACTÉON, Chasseur.....................	M. BASSIN.
SATYRES..................................	MM. BUNEL, AHN père, BAUDOT, LE RAYE, LAHAYE, FÉRIN, LEBRETON.
NYMPHES DE DIANE...................	Mlles. BATTIER, ROSE, FANCHONNETTE, BARBIER, DUVAL, LOUISE. DUCRAY, POTIER, TIGÉE, ADÈLE, CAROLINE, RICHER.

Bergers, Compagnons d'Endymion.

Chasseurs, Compagnons d'Actéon.

Troupe de Furies.

Le Prologue se passe dans le Palais de Flore;

L'Action pantomime dans un site champêtre et pittoresque de l'Achaïe, près d'un Temple consacré à Diane.

DIANE ET LES SATYRES,

OU

UNE VENGEANCE DE L'AMOUR,

Pantomime en deux Actes, avec un PROLOGUE.

PROLOGUE.

Le théâtre représente le palais de Flore.

FLORE et Zéphire , assis à côté l'un de l'autre , se témoignent leur amour mutuel.

Bientôt Zéphire se lève , et voltige autour de sa bien-aimée.

Flore, qui craint l'éloignement du volage , essaye de le retenir par ses caresses ;

Mais Zéphire veut commencer ses courses légères.

Flore lui exprime la douleur que son absence lui cause. Plusieurs fois Zéphire cède à ses instances ; mais ses ailes l'emportent malgré lui.

En vain Flore lui en montre du dépit ; il est prêt à s'éloigner ;

Mais l'Amour arrive, l'arrête; et voyant la douleur de Flore, il a l'air de la plaindre, et fait des reproches à Zéphire d'affliger sa sensible amie.

L'Amour a bientôt réuni les deux amans.

Le Dieu malin observe ensuite à Flore qu'elle ne doit pas toujours tenir Zéphire enchaîné à ses côtés. Elle sait que les Dieux ont besoin de son ministère.

Zéphire profite adroitement de l'observation de l'Amour; et après avoir folâtré quelque temps auprès de la Déesse, il disparoît comme l'éclair.

Flore se désole; l'Amour s'amuse de sa douleur, et lui dit :

Je parois le plus foible, et je suis le plus puissant des Dieux... Né avec le cahos, j'ai donné la vie à tout ce qui respire... Aussi vieux que le temps, j'ai la fraîcheur du jeune âge.

FLORE.

Éternel et charmant Amour, qui pourroit te résister ?... Par toi, Jupiter, le Souverain des Dieux fut épris de la Nymphe Io. Neptune, dans son humide empire, a brûlé pour Amphitrite. L'invincible Mars a déposé ses armes aux pieds de Vénus; Apollon soupira pour Daphné ; Titon pour la tendre Aurore; le cyclope Polyphême pour l'ingrate Galathée, et Thétis pour Pelée, qui la rendit mère du fameux Achille... N'ai-je pas moi-même fixé le volage Zéphire ?... Mais toutes les Déesses ne sont pas encore soumises à tes lois.

L'AMOUR.

Quelle est donc celle qui ose me braver ?

FLORE.

Diane. Cette farouche chasseresse défend même à ses Nymphes de brûler l'encens sur tes autels.

L'AMOUR.

A-t-elle oublié le charmant Endymion, pour lequel tant de fois elle a quitté l'Olympe?.. Je veux aujourd'hui même qu'elle tombe à mes pieds. Tu verras si l'on se vante impunément d'avoir échappé à ma toute puissance.

Zéphire survient ; l'Amour lui fait part de son projet, et lui dit :

Zéphire, je vais pour un moment te fixer près de moi : je compte sur ton zèle à me servir, pour punir la fierté de Diane qui prétend me braver.

Le char de l'Amour arrive. Les trois Divinités disparoissent.

Fin du Prologue.

ACTION PANTOMIME.

ACTE Ier.

(Le Théâtre représente un site champêtre et pittoresque. Le temple de Diane est dans le fond sur une montagne.)

Actéon arrive, il regarde de quel côté il pourra diriger sa chasse.

Il examine les lieux si souvent fréquentés par Diane; un berceau de fleurs l'invite à prendre un instant de repos; mais il n'ose en approcher; il craint de profaner l'asile de la divinité des bois.

Une musique vive se fait entendre de loin. Actéon jette les yeux du côté du temple de Diane, aperçoit ses Nymphes qui la précèdent.

Aussitôt il rassemble ses compagnons, et leur indique la route qu'ils doivent prendre.

Les cors résonnent, on découple les chiens; tous le monde part pour la chasse.

Les Nymphes de Diane paroissent; bientôt on voit s'avancer la déesse elle-même.

Diane parcourt la scène avec majesté, et exprime le plaisir qu'elle éprouve toujours en voyant ces lieux charmans où elle aime à se retirer.

Plusieurs Nymphes l'entrelacent de guirlandes de fleurs, et la conduisent sous le berceau.

Là Diane se jette sur un lit de mousse; ses Nymphes exécutent différentes danses, et s'empressent d'amuser leur souveraine.

Le banc où repose Diane, est suspendu par des guirlandes de fleurs; plusieurs Nymphes la balancent mollement.

Tableau Général.

Des Satyres paroissent sur le haut des montagnes; on les voit s'agiter et former le projet d'enlever quelques Nymphes de Diane; mais ils n'osent descendre.

L'un d'eux trouve un expédient qui peut leur réussir: il frappe un rocher. Un autre sonne du cor. Un gros sanglier sort du même rocher.

Le son du cor a fixé l'attention des Nymphes.

Diane se lève avec précipitation, elle aperçoit le sanglier qui fuit.

Elle ordonne que l'on se mette de suite à la poursuite de l'animal; toutes préparent leurs arcs, et partent avec la rapidité de l'éclair.

On les voit gravir les montagnes.

Les Satyres se montrent de temps en temps, et espèrent pouvoir profiter de leur ruse; mais les Nymphes ne quittent point Diane : les Satyres descendent, témoignent leur colère, et jurent de se venger à la première occasion.

L'Amour, suivi de Flore et de Zéphire, paroît dans le fond. Les Satyres les aperçoivent, les pren_ nent pour des Nymphes, et veulent les enlever; mais l'Amour bande son arc : les Satyres s'arrêtent, le reconnoissent et prennent la fuite.

L'Amour semble dire à Flore, tu vois combien mes flèches sont redoutables.

Ensuite il ordonne à Zéphire d'être partout aux aguets. Zéphire part.

Resté avec Flore, l'Amour lui fait examiner les lieux où Diane vient souvent se reposer; il lui montre le bain où la belle chasseresse se raffraichit.

C'est dans ces lieux mêmes qu'il veut la punir de son indifférence.

Flore essaye de l'appaiser; mais l'amour est inflexible, rien ne doit lui résister.

Une musique champêtre se fait entendre, Zéphire accourt, et annonce l'arrivée d'Endymion.

L'Amour, Flore et Zéphire se cachent derrière un buisson de roses.

Endymion, à la tête de plusieurs bergers, joue du hautbois; ses compagnons dansent au son de cet instrument.

L'Amour se montre, fait voir à Flore le beau berger, et lui dit que c'est l'homme qu'il a choisi pour soumettre Diane.

Le cor retentit au loin. Tous les Bergers suspendent leurs danses.

Endymion ordonne à ses compagnons d'éviter l'approche de la déesse.

Les Bergers sortent.

L'Amour arrête Endymion : celui-ci veut s'éloigner, l'Amour le touche de sa flèche, le Berger tombe à ses pieds. Son cœur est embrasé des feux les plus violens : il ne peut deviner ce qui se passe en lui.

L'Amour le regarde avec malice, mais il lui promet sa protection ; il appelle Flore qui paroît suivi de Zéphire et d'une troupe de Cupidons, il leur ordonne de parer de fleurs le jeune Berger.

Le son du cor redouble.

Zéphire et Flore emmènent Endymion.

L'Amour semble jouir d'avance de sa prochaine victoire, et les suit.

Les sons multipliés du cor ont averti les Satyres ; ils paroissent de nouveau sur les montagnes, et se promettent bien de ne pas laisser échapper cette occasion d'enlever quelques Nymphes.

Plusieurs d'entre elles, emportées par l'ardeur de la chasse, arrivent.

Elles sont assaillies par les Satyres.

En vain elles veulent se défendre ; leurs flèches se perdent dans les airs. Elles fuyent avec rapidité ; les Satyres les poursuivent, et parviennent à les atteindre,

L'une tombe de fatigue ; l'autre est entraînée. Les Satyres veulent enlever leur proie.

Mais Diane paroît avec toutes les autres Nymphes. Toutes décochent leurs flèches : les Satyres abandonnent leurs victimes, et cherchent leur salut dans la fuite.

Diane.   2

Diane, après avoir fait donner des secours aux Nymphes que les Satyres vouloient enlever, leur fait des reproches pour s'être éloignées d'elle.

Elles implorent leur pardon. Diane le leur accorde.

Elle déclare ensuite qu'elle se sent fatiguée, et se débarasse de ses armes. Toutes les Nymphes suivent son exemple. Avec leurs arcs qu'elles suspendent à un arbre, elles forment un trophée. Les armes de Diane brillent au milieu.

La Déesse ordonne un repos général. Les Nymphes se répandent de tous côtés. Diane s'assied sous le berceau.

L'Amour paroît sur le haut d'un rocher. Il appelle plusieurs Cupidons qui apportent des bouquets de pavots.

L'Amour les fait secouer sur les Nymphes. On les voit toutes s'assoupir.

Celles qui sont en sentinelles près du trophée d'armes, s'y appuient et s'endorment.

Diane, absorbée, ne s'aperçoit pas de ce qui se passe autour d'elle.

L'Amour arrive conduisant Endymion qui s'avance avec crainte. L'Amour le rassure, frappe de son arc sur le trophée.

Un buisson sort de terre, et le cache ainsi que les Nymphes sentinelles.

L'Amour place Endymion derrière ce même buisson, et lui ordonne de jouer de son hautbois.

Les sons de l'instrument attirent l'attention de

Diane ; elle écoute et cherche de quel côté ils viennent. Elle regarde partout , et ne voit que ses Nymphes endormies. Elle veut les réveiller , mais elle ne peut y parvenir.

Elle s'approche du bosquet où l'attirent les sons de l'instrument. Elle voit Endymion , et recule de surprise et de colère.

Le berger , effrayé , ne sait que devenir. Diane saisit son javelot pour punir le téméraire. Endymion se jette à ses pieds. L'Amour se glisse doucement derrière Diane , et la touche de sa flèche.

Diane laisse tomber son javelot , reste étonnée, et presque en admiration devant le charmant berger , qui est toujours à ses pieds.

L'Amour se sauve furtivement.

La Déesse ne peut démêler le sentiment qu'elle éprouve.

Endymion veut fuir , mais Diane l'arrête , et lui déclare la passion dont son cœur est embrasé.

Endymion ne sait que répondre à cette brusque déclaration.

L'Amour paroît sur un char ; il en descend ; et jugeant le moment favorable de punir Diane , il saisit l'instant où elle se retourne, prend Endymion par la main , le conduit rapidement sur son char et disparoît avec lui.

Diane se retourne avec vivacité , et s'apercevant de la fuite d'Endymion , elle devient furieuse ; elle prend une trompe , en sonne.

Toutes les Nymphes se réveillent. Le buisson disparoît, et laisse voir le trophée d'armes. Diane, après avoir fait mille reproches à ses Nymphes, ordonnent qu'elles s'arment et qu'elles la suivent. Les Nymphes obéissent à leur Souveraine.

SORTIE GÉNÉRALE.

Fin du premier Acte.

ACTE II.

L'Amour entre, suivi de Flore.

Enchanté de la réussite de son projet de vengeance, il exprime à Flore tout le plaisir qu'il en goûte d'avance.

Une musique plaintive se fait entendre.

Diane seule paroît sur la montagne; sa démarche, ses traits, tout en elle annonce le plus affreux désespoir.

Flore, en voyant sa douleur, blâme la sévérité de l'Amour, qui la rassure en lui promettant de faire le bonheur de Diane, et de lui rendre Endymion.

Tous les deux se retirent.

Les Nymphes de Diane, inquiètes de l'état de douleur dans lequel elles ont laissé leur maîtresse, arrivent successivement; étonnées de ne pas la trouver en ces lieux, elles la cherchent partout.

Bientôt la Déesse paroît. Elle est pâle, consternée, abattue.

C'est en vain que ses Nymphes s'empressent autour d'elle. Endymion seul peut lui rendre la tranquillité et le bonheur.

Un groupe de Naïades sort de l'onde où Diane doit se baigner ; elles l'invitent à venir prendre le repos qui lui est nécessaire.

Les Nymphes aident Diane à entrer dans le bain.

La déesse, plongée dans une profonde rêverie, se laisse conduire machinalement.

Deux Nymphes se placent sur un banc auprès du bain.

Les autres se promènent au dehors ; on les perd de vue.

Actéon descend de la montagne. Fatigué de sa chasse, il cherche un endroit pour se reposer ; mais la soif ardente qui le dévore, le force à s'approcher du bassin ou il entend le bruit de l'eau.

Quelle est sa surprise en voyant une femme qui se baigne ! . . Il s'éloigne aussitôt.

Mais une des Nymphes qui étoit en sentinelle, l'aperçoit, jette un cri d'allarme, qui rassemble toutes ses compagnes.

Quelques-unes s'assurent du jeune audacieux : d'autres le menacent de leurs armes.

Diane sort du bain, et voyant Actéon, elle saisit un javelot, en frappe la terre.

Il en sort un rocher sur lequel on lit :

Pour punir ce témeraire, je veux qu'il soit métamorphosé en cerf et dévoré par ses chiens.

Actéon lit ce terrible arrêt , il se précipite aux genoux de la déesse et implore son pardon.

Diane inflexible , prend de l'eau dans le bassin et la jette sur le corps du malheureux Actéon , qui de suite est métamorphosé en cerf.

Les piqueurs et ses propres chiens le poursuivent avec acharnement ; il disparoît dans la forêt ;

Les Nymphes le suivent des yeux , et plaignent son sort.

Diane est satisfaite de sa vengeance.

On entend les cors sonner ha-la-ly.

Diane se retourne vers la forêt , et ordonne à ses Nymphes de la suivre.

Mais l'Amour paroît et l'arrête ; à sa vue, Diane est indignée et ose même le menacer.

L'Amour, fidèle à son plan , l'implore en faveur du malheureux Actéon.

Diane semble lui dire : comment oses-tu demander la grace de ce chasseur, toi qui m'as enlevé l'unique objet de ma tendresse et restes inflexible ?

L'Amour voyant qu'elle ne veut point pardonner, fait un signal :

Une inscription paroît dans les airs, on lit :

Pardonne à Actéon, ou tremble pour Endymion.

Diane recule d'effroi, et ne sait quel parti prendre; elle fait un geste pour dire *non*, mais l'Amour la prévient, étend son arc.

On voit Endymion sur une pointe de rocher qui s'élève dans les airs ; il est tenu par deux furies qui menacent de le précipiter du haut en bas.

La fière déesse tremble pour les jours de celui qui a porté dans son cœur un sentiment jusqu'alors inconnu pour elle, et malgré l'orgueil qui se révolte encore, elle donne enfin le signal du pardon.

Aussitôt Actéon paroît, environné de Nymphes et de Chasseurs.

Endymion est sur un char de nuages.

L'Amour, Flore et Zéphire l'invitent à descendre et le conduisent dans les bras de Diane.

Actéon arrive sur un char traîné par des chevaux, et remercie l'Amour de son heureuse délivrance.

Le Dieu malin satisfait, jouit de son triomphe.

Ballet final.

www.ingramcontent.com/pod-product-compliance
Lightning Source LLC
LaVergne TN
LVHW010816180726
843502LV00009B/3356